开国领袖与家风

与家风

学习时报编辑部/编

山东人民出版社·济南

国家一级出版社 全国百佳图书出版单位

图书在版编目（CIP）数据

开国领袖与家风 / 学习时报编辑部编. -- 济南: 山东
人民出版社, 2025.3
ISBN 978-7-209-14759-0

Ⅰ. ①开… Ⅱ. ①学… Ⅲ. ①党和国家领导人 - 人物研
究 - 中国 ②家庭道德 - 中国 Ⅳ. ①K827=7 ②B823.1

中国国家版本馆CIP数据核字（2024）第033622号

开国领袖与家风

KAIGUO LINGXIU YU JIAFENG

学习时报编辑部　编

主管单位　山东出版传媒股份有限公司
出版发行　山东人民出版社
出 版 人　胡长青
社　　址　济南市市中区舜耕路517号
邮　　编　250003
电　　话　总编室（0531）82098914
　　　　　市场部（0531）82098027
网　　址　http://www.sd-book.com.cn
印　　装　山东新华印务有限公司
经　　销　新华书店

规　　格　32开（148mm×210mm）
印　　张　4
字　　数　30千字
版　　次　2025年3月第1版
印　　次　2025年3月第1次
ISBN 978-7-209-14759-0
定　　价　39.00元
　　　　　如有印装质量问题，请与出版社总编室联系调换。

学习时报文选编委会

许宝健　　丁茂战　　焦　利

胡　敏　　熊若愚　　何忠国

蒲　实　　石　伟　　吴　青

本书主编： 许宝健

副　主　编： 熊若愚　　石　伟

前　言

　　习近平总书记强调，领导干部要把家风建设摆在重要位置，廉洁修身、廉洁齐家。毛泽东、周恩来、刘少奇、朱德、邓小平、陈云等老一辈革命家是家风建设的典范，他们以德传家、以学兴家、以俭持家、以严治家、以廉守家的优良家风值得今天领导干部学习和借鉴。

——编　者

目　录

毛泽东

同 志 的 家 风

★ ★ ★

　　毛泽东的家风，有一个醒目的标签：严。教子严，律己严，持家严。毛泽东优良的家风，为人们称颂，值得我们学习。

★ 开国领袖毛泽东在家风家教方面堪称一代典范,为全党做出
  了表率。图为山东师范大学校内毛泽东塑像

严以教子

　　毛泽东对子女品格修养的要求非常高。他教育子女要以一个普通人的身份看待自己，用一个普通人的标准对待他人。1946年1月，毛岸英从苏联回到延安。相别19年的父亲毛泽东让他做的第一件事就是脱下洋装，换上布衣，到陕北贫瘠的农村当农民，拜农民为师。一开始，毛岸英是和父亲毛泽东住在一起的，但没过多久，毛泽东就让毛岸英搬到中央机关去住了。他还问毛岸英："你吃什么灶？"毛岸英如实地回答："中灶。"毛泽东一听便生气地责问毛岸英：

"你有什么资格吃中灶？你应该跟战士们一起吃大灶。"毛泽东如此"苛刻"，就是要让毛岸英"接地气"，让他明白自己就是一个普通人，不能搞特殊。

李讷是毛泽东最小的女儿，毛泽东对她疼爱有加，但也一再告诫她，不要自以为是，不要搞特殊。上大学后，李讷过着和其他工农同学一样的生活，住学校，吃食堂，每周六下课才回家。有一次，李讷离校晚，毛泽东的卫士长李银桥担心一个女孩子走夜路不安全，便瞒着毛泽东派车去接李讷。毛泽东得知此事后，狠狠地批评了李银桥。李银桥委屈地说："就是怕不安全。"毛泽东严厉地说："别人的孩子能自己回家，我的孩子

★ 据统计，毛泽东一共给子女写过 28 封家书，这些家书里，大到理想、前途、事业、婚姻，小到身体状况、日常生活、人际关系，字里行间满是革命家优良家风的传承。图为 1941 年 1 月 31 日毛泽东写给远在苏联的毛岸英、毛岸青兄弟俩的家书，除了嘱咐毛岸英、毛岸青兄弟俩"趁着年纪尚轻，多向自然科学学习"等外，还语重心长地提醒兄弟俩，不要"长自满之气，得意忘形"，要"脚踏实地、实事求是"

中央档案馆藏

为什么不行？不许用车接，说过就要照办，让她自己骑车子回来。"

　　因为从小上干部学校，上了大学的李讷身上还是多多少少有一些干部子女的傲气。后来，当她在学习了《庄子·秋水篇》之后，认识到了自己有自高自大的毛病，应该从根本上改变对己对人的态度，要彻底和同学"打成一片"。于是，李讷写信向父亲毛泽东汇报了这一思想动态。毛泽东看后，深为女儿的进步感到高兴。1963年1月4日，他给李讷回信予以鼓励，这让李讷的精神面貌焕然一新，无论在政治思想，还是在作风品格方面，都有了明显的进步。

　　行动最能体现一个人的修养和品格。因此，

毛泽东教育子女："汝是党之子，革命是汝风，要积极投身到革命事业当中。"北平解放后，首批进入北平的队伍中就有毛岸英。他和两名扫雷专家带领一个工兵排，承担了排除重要设施、处所的地雷和炸药等重任。这其实是一项危险系数非常高的工作，但毛泽东却没有阻止，因为他明白，作为主席的儿子，毛岸英必须要有为革命不怕牺牲的精神。

也正因为此，当中共中央作出抗美援朝的决定后，在毛泽东的支持与鼓励下，毛岸英立即提出要参加志愿军。当时，毛泽东身边的工作人员曾劝说，毛岸英还是不要去朝鲜参战了，因为毛泽东已经在革命战争年代失去了5位亲人。但是，毛泽东却断然拒绝了。后来，毛岸英的牺牲，让毛泽东万分悲痛。

当彭德怀就毛岸英牺牲的经过向毛泽东作详细汇报时，毛泽东听罢，沉默了一会儿，对彭德怀说："革命总是要付出代价的。岸英是一位普通战士，为国际共产主义献出了年轻的生命，他尽了一个共产党员应尽的责任。"开怀家国事，不言身与家，就是毛泽东严以教子家风的精准概括。

严以律己

毛泽东严以律己，有着严格的做事原则。在

★ 1951 年 10 月 19 日，中国人民志愿军雄赳赳、气昂昂跨过
鸭绿江，和朝鲜人民共同抗击侵略者

中新图片 / 邵风雷

原则面前，他是个明白人，沉淀出了铁骨铮铮见清廉的家风。

"人不以规矩则废。"讲规矩，守纪律，是毛泽东在亲情面前的选择。他曾经向要进京的亲友捎话："我毛泽东是中国共产党的主席，不是韶山毛家的主席，家乡亲友要勤耕守法。"凡会见来北京的亲友时，毛泽东总要讲他的三条交往原则：恋亲，但不为亲徇私；念旧，但不为旧谋利；济亲，但不以公济私。

新中国成立前夕，毛泽东发妻杨开慧的哥哥杨开智写信给毛泽东，要求到北京工作。这一请求却被毛泽东严词拒绝了。毛泽东在写给杨开智的回信中说："希望你在湘听候中共湖南省委分配合乎你能力的工作，不要有任何奢望，不要来京。"同时，毛泽东还给当时的长沙市军管会副主任王首道写了一封信："杨开智等不要来京，在湘按其能力分配适当工作，任何无理要求不应允许。"后来，杨开智也领悟了毛泽东"一切按正常规矩办理"的教诲，根据自己的专长，安心留在了湖南的农业部门工作，直到离休。

湖南毛泽东遗物馆陈列有一封毛泽东回绝外婆家15个人请求照顾的信件，这封请求入学、工作等照顾的书信转交到毛泽东手里，他在信的页眉批示了一行字："许多人介绍工作，不能办，人们会要说话的。"简单的一句"人们会要说话的"饱含着毛泽东是"人民的主席"的深情，道出了毛泽东不为"少数亲友谋利"的清廉作风。

毛泽东常常批评教育身边的人，不要因为身份原因，就自以为特殊。新中国成立初期，毛泽东外祖父老家一些姓文的亲戚和朋友，纷纷到北京看望毛泽东。可有些人回到老家后，就以为和主席攀上了关系，在乡亲们面前牛气哄哄，甚至以特殊身份自居，不服从管理。毛泽东得知此事后非常重视，专门给当地政府写了一封信："文家任何人，都要同乡里众人一样，服从党与政府的领导，勤耕守法，不应特殊。"

清廉不是亲情之殇，正是因为对家人深深的爱，毛泽东才没有眷顾纯粹的亲情。毛泽东的亲情，不是营私徇亲、沾亲带故的狭隘小爱，而是

一种守住公与私分隔线、吃透严与爱辩证法的大
爱。他把对家人浓郁的爱化作了严格的要求，并
用行动告诉他们，奉公守法、遵规守纪是讲亲情
义务的基本原则。

严以持家

毛泽东始终把自己看作人民中普通的一员。
在生活中，他不要求任何特殊待遇，终其一生厉
行节约，始终保持着艰苦朴素的作风。在这方
面，他对儿女的言传身教，不仅发扬了中华民族
的传统美德，还铸就了新中国"第一家庭"勤俭
节约的家风。勤俭节约，是毛泽东严以持家家风

的重要表现。

毛泽东是个"恋旧"的人，他的生活用品总是能跟随他很久，即使破旧不堪了，他也不允许工作人员随便丢掉。毛泽东还经常嘱咐工作人员，生活用品需要多少就买多少，不要多买，以免浪费。对于生活用品，他总是利用得"彻彻底底"，因此，毛泽东的生活记账单中有很多类似修补热水瓶、换锅底、换皮凉鞋底、修理手表等的记录。

毛泽东对全家的生活开支控制得非常严格。当时江青的工资不高，家里有生病的毛岸青，还有正在读书的李敏、李讷和侄子毛远新，江青的姐姐也同他们生活在一起；再加上平时湖南老家的亲戚来北京看病，交通食宿、看病的费用，这一系列开销都由毛泽东负担。这些开支经常让毛泽东的生活管理员感到为难。后来，李银桥就为毛泽东家制订了一份《首长薪金使用范围、管理办法及计划》。毛泽东在看了这份计划后，认为每天三元的伙食标准太高了。李银桥解释说："这三块钱中还包括招待客人的费用。"毛泽东听后考虑了半天才同意了这份计划。

在饮食安排上，毛泽东始终奉行简单适合的原则。他很少按照保健医生的安排吃所谓的"营养餐"。每日三餐，毛泽东吃得很普通。只有在他自己过生日的时候，毛泽东才会同意多加几个菜，叫上家人和工作人员一起吃顿便饭。能和父亲毛泽东一起吃顿饭，算是毛泽东的儿女们享有的"特殊待遇"了。要知道，毛泽东家还有一条规矩，就是一般情况下不允许儿女们与自己同桌共餐，儿女们平时都是去机关食堂排队就餐。当然，毛泽东的生日餐并不算是生日宴会。毛泽东非常反感祝寿送礼这样的不良风气，他常说："庆贺生日不会使人长寿，因此，并无必要庆贺。"

毛泽东深知：吾是无产者，勤俭是吾本。因此，他经常告诫子女，学习和事业要向上看，但生活要向下看。根据李敏的回忆，毛泽东经常要求子女们艰苦朴素。新中国成立后，虽然生活好一些了，但毛泽东仍要求子女们不要穿得太讲

★ 毛泽东在党的七届二中全会上庄严提出"务必使同志们继续地保持谦虚、谨慎、不骄、不躁的作风，务必使同志们继续地保持艰苦奋斗的作风"。作为党和国家领导人，毛泽东号召全党做到"两个务必"，并身体力行带头发扬艰苦奋斗的优良传统。图为党的七届二中全会召开地西柏坡的五大书记广场

中新图片／司向东

19

究，要和老百姓一样，穿得干干净净、整整齐齐就行。在这方面，毛泽东以身作则，率先垂范。新中国成立后，毛泽东找人做了一件睡衣，而这件普通的睡衣，他竟然穿了20多年，线开了缝住就行，磨破了补上就好。这样反反复复，不知道缝补了多少次，当工作人员实在看不下去劝他做件新睡衣时，毛泽东却说："我看还是应该节省点，不要做新的，破了再补嘛。"一补再补，这件睡衣上最终补了73个补丁。这些补丁，体现的是毛泽东的家风。

（聂文婷　罗平汉）

同 志 的 家 风

★ ★ ★

　　周恩来十分重视家风建设。他没有亲生的孩子，但周家是一个大家庭，像普通家庭一样，周家人也有生老病死、就业上学等问题。怎样对待这些问题，建设什么样的家风，是新中国成立后，周恩来时时在考虑并着力解决的一个问题。他不但用自己的工资资助亲友长辈，以减轻地方政府和社会的负担，还主动担负起教育和引导周家年轻一代的责任，在大家庭内部树立起一种良好的家风。

在江苏淮安周恩来纪念馆的展板上，醒目地写着"周恩来的十条家规"：一、晚辈不能丢下工作专程进京看望他，只能在出差路过时才可以去看看；二、外地亲属进京看望他，一律住国务院招待所，住宿费由他支付；三、一律到国务院机关食堂排队就餐，有工作的自付伙食费，没工作的由他代付；四、看戏以家属身份购票入场，不得享用招待券；五、不许请客送礼；六、不许动用公车；七、凡个人生活中自己能做的事，不要让别人代劳，要自我服务；八、生活要艰苦朴素；九、在任何场合都不能说出与他的关系，不

★　周恩来邓颖超纪念馆内的周恩来雕像

中新图片／冯军

要炫耀自己；十、不谋私利，不搞特殊化。这十条家规，是周家晚辈根据周恩来平时对他们的教育总结出来的。周恩来没有写在纸上，而是写进了后辈们的心中。

细细品读周恩来的十条家规，有两点核心内容。

一是决不允许家人享受任何特权，就连特权思想都不可以有。周恩来曾对晚辈们说过，不要因为我是总理你们就自认为自己有什么特殊，我是国家的总理，不是周家的总理。我们周家过去是一个封建大家庭，你们这一代要好好地改造思想，严格要求自己。周恩来要求亲属在外面不能讲同他的关系，不能享受特权，要完全做一个普通人。周恩来不仅提出了要求，而且对此严格监督，管得很细。周恩来的侄女周秉德参加工作不久，组织上把她从基层农村小学调动到区委机关工作。周恩来知道后立即找周秉德谈话，问她："是不是因为人家知道我的身份而照顾你进城的？"周秉德回答说："不是。是区委搞运动需要党员，小学里的党员很少，所以把我抽调上来。"周恩来听后说："哦，是这样，那就没有办法了，我也不能干涉你们基层组织的工作呀！但你还是要多在基层工作锻炼为好。"周秉德知道伯伯叮嘱自己的深义，一直严格按照伯伯的要求去做，做一名普通劳动者。

20世纪60年代，为减少北京市人口，国务

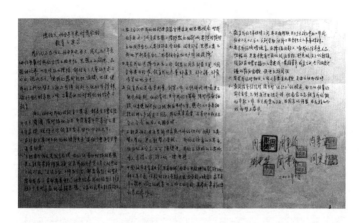

★ 在处理大家、小家各种关系问题上，周恩来坚持不搞特殊，不谋私利，讲原则、严要求，从而形成了廉洁清正的优良家风。图为周秉德、周秉钧、周秉宜等六兄妹共同写下的"周恩来的十条家规"，标题为"忆伯父、伯母多年来对我们的教育与要求"，文后有六兄妹签章落款。国家三级文物，现收藏于周恩来纪念馆

周恩来纪念馆供图

院曾出台一个政策：夫妻双方如一方在北京，另一方在外地，在北京工作的就要调往外地。当时，周秉德在朝阳区委工作，她丈夫沈人骅在西安部队工作。领导找周秉德谈话做动员。周秉德说："不用动员了，四个月后，我休完产假就调往西安。"周秉德调到西安后，在那里工作了五年，后来又随丈夫去贵州山沟里工作了四年。周恩来对侄女的做法很欣慰。他对后辈的要求是不搞特殊，到最基层、最艰苦、最边远的地方做一名普通劳动者。

二是无论做什么事，包括对学业和工作的选择，都不要先考虑自己，而要以国家和人民的利益为重。这方面的事例有很多。以周恩来的侄子周秉钧和侄女周秉建为例，他们都曾经为参军问题受到伯伯的关注。对周秉钧，周恩来希望他穿上军装；对周秉建，周恩来则要求她脱下军装。这一穿一脱，体现着周恩来严格的家风。

1961年夏，周秉钧高中毕业准备考大学，同时参加了空军到学校选拔飞行员的体检和考核。事后，周秉钧向伯伯汇报了自己的情况。在谈话中，周恩来问了一句话："那大学就不考了吧？"周秉钧说："考还是要考一下。"周恩来又问："既然决心参军，为什么还要参加高考呢？"周恩来的意思实际上是让他不要参加高考了。为什么呢？周恩来对周秉钧说："现在国家遇到自然灾害，农村劳动力不足，政府研究决定，今年只在城市征兵，不到农村征兵，复员兵也全部返回农业生产第一线。这样不但加强了农业生产劳动力，也减轻了农村对城市商品粮的负担。"在周恩来的鼓励下，周秉钧根据国家需要参了军，被空军录取为飞行员，开了近20年战斗机，在部队工作了30年。周秉钧后来才知道，在当年召开的恢复生产发展的会议上，周恩来讲话希望干部们带头送子女参军，以保证农村劳动力。他说："不要以为我没有儿子才这样说，我有侄子；我还可以动员两个。"另一个被周恩来动员参军的城市青年是他长征时的警卫员龙飞虎的儿子。

1968年夏，周恩来的侄女周秉建响应毛泽东主席的号召赴内蒙古插队落户。两年半以后，周秉建应征入伍。穿上军装的周秉建怀着高兴的心情回北京过新年。回到家不久，周秉建接到邓颖超的电话，让她当面去汇报情况。周秉建立刻意识到，是不是两位老人误以为自己是"后门兵"。她到西花厅时，周恩来正站在院门口等她。看见周秉建，周恩来很高兴，迎上去拉起她的手，边走边说："小六，你能不能脱下军装回到内蒙古去？"周秉建感到委屈，勉强地吐出一个字："能。"在饭桌上，周恩来耐心地给她讲道理："你参军虽然合乎手续，但是在内蒙古这么多人中挑上你，还不是看在我们的面子上？我们不能搞这个特殊，一点也不能搞。"事后，周恩来又派自己的秘书专门到部队了解周秉建是怎样去当兵的，确认周秉建是按正常程序当的兵。经过周恩来的耐心工作，周秉建心情愉快地按照伯伯的要求去做。几天后，北京军区有车去内蒙古，行前周恩来再次在西花厅约见周秉建，说了很多鼓励她的话。那天，天下着雪，气温很低，周秉建脱下还没有穿热的军装，揣着周恩来温暖的嘱托返回内蒙古。参与处理这件事的周恩来的秘书赵炜回忆说："当时，我觉得周总理对自己的亲戚太严格了。过了一段日子，我才体会到他这样做的良苦用心。"那阵子，一些干部，包括周恩来身边的一些工作人员也在想方设法让子女离开农村去当兵，这对稳定知识青年队伍，对整个国家的大局都是不利的。赵炜说："周总理是在以自己的方式告诫大家。"

从这十条家规可以品出，周恩来对亲属晚辈的要求十分严格，也十分具体、细致，细微中透着关怀。周尔均是周恩来的堂侄、中国人民解放军国防大学政治部原主任。1953年，他在部队被批准入党，很兴奋，立即把这个消息写信报告给了周恩来和邓颖超。很快，邓颖超代表周恩来写了回信，在祝贺的同时，提出三个必须："今后，你必须加强党性的锻炼，克服非无产阶级的思想，不断地为着党员的八条标准而奋斗，不要辜负了光荣的共产党员的称号，争取如期地转为正式党员。你必须注意密切地联系群众，关心群众，向群众学习，从而你才能更好地为人民

★ 周恩来一生严于律己、清正廉洁、大公无私，始终把人民的
利益放在第一位。图为天津周恩来邓颖超纪念馆西花厅专题
陈列厅

周恩来邓颖超纪念馆供图

群众服务。你自知应不骄不馁,但必须从思想上、行动上加以不断的实践为要。"周尔均深有体会地说:"伯伯对我们的要求'看似无情胜有情',他对我们晚辈的严是一种真正的爱,发自内心的爱。"

周尔均的体会是十分准确的。周恩来虽然对亲属要求很严,却是一个充满温情、恪守孝道的革命者。他年轻时在海外求学,因得知曾经照料过自己的八叔父去世而感到悲痛万分。在战争年代,周恩来把父亲接到身边养老送终。在父亲去世后的几十年中,他一直把装着父亲照片的皮夹贴身带在身边。在迎接新中国成立的日子里,周恩来想起了早已去世的母亲,他含着眼泪对记者说："35年了，我没有回家，母亲墓前想来已白杨萧萧，而我却痛悔着亲恩未报。"

对周恩来严格的家风，邓颖超体会更深。她曾经感慨地说："当总理的夫人其实很难的。"周恩来和邓颖超共同生活半个多世纪，相濡以沫一辈子，从来没有违反过组织原则。他们结婚后曾经协商，两人可以在一个地方或一个机关工作，但不要在一个具体部门共事。几十年间，他们都遵守了这个约定。新中国成立初期，许多人对周恩来说："根据邓颖超的资历和她对革命的贡献，应该在政府里担任一个部长职务。"周恩来坚决不同意，他说："只要我当一天总理，邓颖超就不能在政府任职。"不仅如此，周恩来还多次在任职、调级等问题上尽量"压低"她。对周恩来这看似不近人情的做法，邓颖超将其看作一种严格的家风，她认为这体现的是党的优良传统。她毫无怨言地说："恩来这样做，我很理解。"

家风建设是党的建设的组成部分。周恩来锻造的严格家风和具体家规，不仅对当时各级干部起到重要的示范作用，对今天仍有重要的启示意义。

（廖心文）

邓力群
同志的家风

★ ★ ★

　　刘少奇优良淳厚的家风一直为人称颂。他不仅严以律己，还在生活、思想和社会实践等方面，以共产党员的标准严格要求子女，永葆共产党人的本色。

"让孩子尝尝吃不饱的滋味，有好处"

刘少奇在生活上始终保持着艰苦朴素的作风。一家十几口人的生活开销以及接济亲戚等费用的支出，全靠他和王光美每月的工资，经常捉襟见肘。由于花销大，他平时很注意节省。刘少奇的一日三餐都很简单，就是粗茶淡饭，有时热热剩菜剩饭就算一顿。刘少奇衣着也很朴素，在家里穿的普通布衣和布鞋，有的都洗褪了颜色，衬衣总是穿到无法再补了才肯换新的。有一次，他的一件衬衣破了一道很长的口子，警卫员劝他做件新的，刘少奇说："不要紧，再缝一缝，还能

★ 刘少奇优良淳厚的家风一直被人称颂，他总以共产党员的标
  准严格要求子女，永葆共产党人的本色。图为湖南省宁乡市
  花明楼刘少奇故居的刘少奇铜像

  中新图片／徐文东

★ 延安马列学院是抗日战争时期和解放战争时期中共中央创办
  的以学习、研究马克思列宁主义基本理论为重点的干部学校。
  1939 年 7 月，刘少奇分两次给延安马列学院的学员演讲《论
  共产党员的修养 》。图为位于延安北郊兰家坪的延安马列学
  院旧址

文化传播供图

穿些时候。"他的床单一用就是十几年，一条围巾用了整整16年。他的上海牌手表，总是坏了就修，一直坚持用到逝世。他每天只泡一壶茶，没茶味了，就再续上点茶叶。他对子女生活上要求极严，严禁孩子们生活奢侈。他总说"穿衣服不能脱离群众，让孩子尝尝吃不饱的滋味，有好处"。刘少奇的言传身教，使子女们都养成了勤俭节约的良好生活习惯。

"不要以为你是国家主席的亲戚就可以搞特殊，靠沾我的光，提高不了你的觉悟"

刘少奇当选国家主席后，亲戚纷纷要求解决

工作、升学和生活困难等问题。为了纠正家人欲借自己的权力谋私利的错误思想，1959年国庆节期间，刘少奇专门召开了一次家庭会议。在会上刘少奇说道："现在解放了，在农村也好，当工人也好，生活都比过去好多了。当然马上消灭城乡差别现在还做不到。你们想请我这个国家主席帮忙，以改变自己目前的状况，甚至改变自己的前途。说实话，我要是硬着头皮给你们办这些事，也不是办不成。可是不行啊！我是国家主席不假，但我首先是个共产党员，共产党员应该全心全意为人民服务，不是为个人小家庭服务。我手中有点权也是真的，但这权是党和人民给的，我只能用于维护党和人民的利益。"随后，刘少奇语重心长

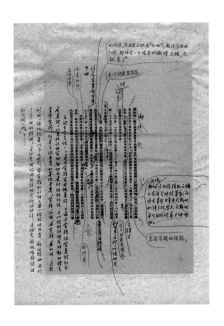

★ 1938年党的六届六中全会，刘少奇同志在革命实践基础上
对原来思考的党员修养问题进行系统整理研究，于1938年
12月在渑池撰写了"共产党员的修养"提纲（后为《论共产
党员的修养》）。图为1961年刘少奇对《论共产党员的修
养》修订再版时（第一次与第二次）的修改稿

刘少奇同志纪念馆供图

★　作为一名党员，不管是否是领导干部的配偶或者家属，都应
做到不搞特殊、团结同志、信任尊重同志，甘于做无名英雄，
这是一名党员应有的品质。图为王光美手稿提纲：如何做好
负责同志的爱人。王光美的这份手稿从七个方面列出了如何
做好负责同志的爱人

刘少奇同志纪念馆供图

48

地说："不要以为你是国家主席的亲戚就可以搞特殊，靠沾我的光，提高不了你的觉悟。""正因为你是国家主席的亲戚，更应该严格要求自己，更应该艰苦朴素、谦虚谨慎，更应该有'富贵不能淫、贫贱不能移、威武不能屈'的志气。不要打着我的旗号到处吹牛。"刘少奇在家庭会议上的谈话，观点明确，态度坚决，使在场的每个人都受到了深刻的教育，大家表示坚决按刘少奇的意见办。从那以后，本家和亲戚再也没有找刘少奇走过后门。

"要肯于为大家的事情吃一点亏"

刘少奇十分重视子女世界观的改造，要求

他们树立无产阶级的世界观和共产主义的远大理想。在年轻人成长过程中，往往会遇到如何处理个人利益与集体利益、国家利益，眼前利益与长远利益的问题。对此，刘少奇告诫子女，个人利益、暂时利益是要照顾的，但在同整体利益、长远利益有矛盾时，就要把暂时的、个人的利益牺牲一些，有时就要吃点亏，这就叫有远见、有理想。

为了帮助子女确立无产阶级价值观，刘少奇经常要求子女，"在任何时候、任何问题上都要首先考虑集体的利益，把集体利益摆在前面，把个人愿望、个人利益摆在服从的地位；当个人愿望和个人利益同集体利益发生矛盾时，应该肯于

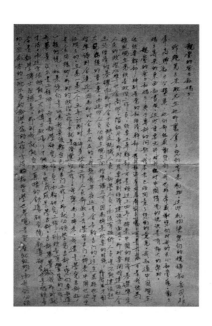

★ 刘少奇的家风和家教展现了一个领导人如何将自己的人生观
   和价值观融入家庭教育中，为后人留下了宝贵的财富。图为
   1950 年 9 月 12 日，在苏联留学的刘允斌于莫斯科写的家书，
   除对父母刘少奇、王光美表达思念之情外，重点阐述了他坚
   持当时所学物理化学专业的缘由

   刘少奇同志纪念馆供图

为了集体的利益而牺牲个人的利益"。他在1955年5月写给儿子刘允若的信中就指出，"不要怕自己吃了一点亏，不要去占别人的便宜"，"要肯于为大家的事情吃一点亏"。

1960年1月，在一次家庭聚会上，当着亲属和子女的面刘少奇再次指出，"人活一辈子总要对社会有所贡献，要贡献多一些才好。在我们社会里，只要有贡献，大家都会看到。占小便宜，吃大亏，这是合乎马列主义、无产阶级世界观的"。

对子女一定要"严格要求"

刘少奇从来不把子女看成自己的"私有财

产"，而把他们看作革命事业的接班人。他对子
女一向严格要求，从不用自己的权力为他们谋私
利。1951年春天，在中国人民大学学习的女儿刘
爱琴，预备党员期满，准备转正。无论是她自己
还是周围的一些同学，都以为会顺利通过，按期
转正。但是，当党支部就她转正问题征求刘少奇的
意见时，他认为女儿对中国的事情还不大懂，向
支部的同志明确表示要"严格要求"。支部大会
经过热烈而认真的讨论，按照党章规定的标准反
复衡量，对刘爱琴进行了批评和帮助，最后通过
决议，取消了她的预备党员资格。学校党委批准
了支部决定，并通报校内各基层支部。通过这件
事，刘爱琴的思想有了巨大震动，她认真检查自

己思想上的问题，积极改正自己的行为，学习和生活各方面都有了较大进步。

1958年国家机关精简机构、下放干部时，刘爱琴主动响应国家号召，自愿到内蒙古接受锻炼。刘爱琴下放之后，牢记父亲的教导，严格按照共产党员的标准要求自己，经过扎实的锻炼，在思想政治水平、工作能力、生活表现等各方面都取得了较大成绩，终于成了一名光荣的共产党员。正是刘少奇不为子女谋私利，别人才能不为他的子女徇私情。他本人不把自己视为特殊党员，别人才能把他的子女当成普通一员来看待。

★ 刘少奇出生于湖南省宁乡市花明楼炭子冲，刘少奇在这里
度过了童年和少年。图为位于湖南省宁乡市花明楼的刘少
奇故居

中新图片 / 徐文东

"小孩子不能什么事情都靠大人，要让她自己闯闯，才能得到锻炼"

刘少奇对子女从不娇惯，而是让他们在社会上得到历练，经历大风大浪的洗礼，努力在实践中锻炼成才。刘允若在莫斯科航空学院留学期间，因与同学关系不睦，想要转系甚至调换学校。他连续给刘少奇写了几封信，希望得到父亲的帮助和支持。针对儿子的思想问题，刘少奇即刻写了回信，对他进行批评教育，并对儿子提出殷切希望。刘少奇通过耐心的劝诫，指导儿子正确对待批评和正确处理人际关系，使刘允若纠正

56

了错误思想。

为了锻炼子女的独立生活能力，刘少奇把三个孩子送到学校寄宿。在中国经济困难时期，粮食紧张，食品短缺，学校的伙食比较差，细粮少，粗粮多，还要搭配吃些白薯，有时还吃不饱。看到孩子们的脸色越来越不好，同志们都很心疼，有的同志便对王光美说："本来孩子们的身体就不好，再时常吃不饱，这怎么行？还是把他们接回家住吧。"但是，刘少奇和王光美都不同意接回。

1965年夏天，王光美正在河北省新城县高城蹲点。有一天，刘少奇写了封信，让女儿刘平平给她妈妈送去。刘少奇对身边的工作人员说："你们不要给她买车票，不要送她上车站，也不要通知光美同志或县委去车站接她。让她自己买票，自己上车。"听刘少奇这么一交代，大家知道刘少奇是有意让孩子出去闯一闯，见见世面。可是，当时的刘平平还是个孩子，从来没出过远门。头一次就让她一个人出去，大家心里都有些不放心。对于这些顾虑，刘少奇说："小孩子不能什么事情都靠大人，要让她自己闯闯，才能得到锻炼。总靠大人帮助，她倒是舒服省心，可是得不到锻炼，将来还是不会做事情。"当刘平平顺利把那封信交到王光美手中时，自豪感一下涌上了她的心头。从此，刘平平做事更加自信了。

刘少奇廉洁自律，以良好的家风严格要求子女的言行，为广大党员干部作出了表率，树立了学习榜样。

（李　颖　王　刚）

朱德

同 志 的 家 风

★　★　★

　　朱德的家风，既继承了前辈传统的家风，也
在革命和建设的实践中推陈出新，赋予了家风新
的内涵。

修身齐家

朱德出生在一个大家庭中。几十口人共同生活，长幼、叔伯、妯娌都能和睦相处。其乐融融是这个大家庭最显著的特点。朱德受益于此，并修身齐家，努力将之延续下来。

对于祖辈，朱德极其尊敬，深切缅怀。祖母"事无巨细，皆躬自纪理无遗绪""内治殊谨严，令子侄皆以力事事"的治家之道深深地影响了朱德。1918年6月，祖母90寿诞，军务缠身的朱德不能回乡拜寿，便邀泸州各界人士赠诗文以庆祝。12月，祖母去世，朱德将吊唁的诗文及之

★　朱德故里位于四川省南充市仪陇县马鞍镇，朱德在这里生活、学习、劳动、工作长达 23 年。图为仪陇县朱德同志故居纪念馆

中新图片 / 任海霞

65

前祝寿之文汇编成《朱母潘太夫人荣哀录》，记录并传承祖母之遗风。

对于父辈，朱德始终挂念，竭力尽孝。1919年秋，朱德将全家二十几口人接至泸州生活居住。1937年，被迫与家人失联近十年的朱德急切地打听两位母亲（生母与养母）的情况，并望陈玉珍"将南溪书籍全卖及产业卖去一部，接济两母千元以内，至少四百元以上的款，以终余年"。之后，他又给同乡好友戴与龄写信，"以好友关系向你募二百元中币速寄家中"。1944年2月，生母去世，朱德撰文《回忆我的母亲》，将对母亲的思念、感恩和不舍描写得淋漓尽致。

对于后辈，朱德更是关怀备至，一视同仁。

在1937年9月5日的家信中，他问道："理书（朱德二哥之子）、尚书（朱德大哥之子）、宝书（朱德之子朱琦）等在何处？"在9月27日的信中，他进一步问到他们现在近况，做什么事、在何处。在11月6日的信中，他说"十年来的家中破产、凋零、死亡、流亡、旱灾、兵灾，实不成样子"。朱德的关心、希望、伤感与痛苦跃然纸上。新中国成立后，朱德让兄弟姐妹各家送一个孩子来北京上学，以尽长辈之责。

正道而行

在近70年的革命生涯中，朱德实现了从小我

67

到大我的转变，将个人的命运与国家、民族的命运紧密地结合在一起，始终正道而行。这一思想来源于家庭，同时也把它作为好家风往下传承。

　　1895年除夕，朱家被迫退佃搬家。"我们一家人哭泣着连夜分散。从此我家被迫分两处住下。"家的破裂，让朱德对于美满的家庭生活更加向往，"母亲沉痛的三言两语的诉说以及我亲眼见到的许多不平事实，启发了我幼年时期反抗压迫追求光明的思想"。从此，朱德的家庭观即从小家庭扩大至大家庭，进而逐渐延伸至整个社会。正如朱德在《回忆我的母亲》一文中所写："我用什么方法来报答母亲的深恩呢？我将继续尽忠于我们的民族和人民，尽忠于我们的民族和

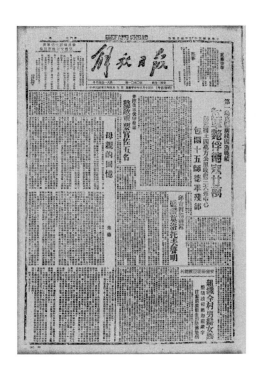

★ 1944年4月5日,《解放日报》刊载朱德署名文章《母亲的
回忆》

人民的希望——中国共产党，使和母亲同样生活着的人能够过一个快乐的生活。"

朱德也是这样要求后辈的。战争年代，朱德表示"那些望升官发财之人决不宜来我处""除了能作战报国的人外均不宜来"。建设时期，他更加注意对于后辈的约束和培养。他对孩子们说："要尽到我们的责任，把你们培养成为无产阶级革命事业的接班人！"1974年，儿子朱琦去世后，有关部门把朱德的一个孙子从外地调回北京，以便照顾他。朱德知道后，极不高兴。他提出要把孩子调到基层连队去，并严肃地说："我不要孝子贤孙，要的是革命事业的接班人。"

规矩意识

作为党和国家的领导人，朱德"历来听党安排，派什么做什么，祈无顾虑"。而作为家长，朱德对后辈有着严格的要求。

他要求孩子们不要有特殊思想。朱德跟家人约法三章：不准搭乘他使用的小汽车；不准亲友相求；不准讲究吃、穿、住、玩。他常说："粗茶淡饭，吃饱就行了；衣服干干净净，穿暖就行了。不然就不能到工农中去了。干部子女往往自以为比别人优越，这是十分要不得的。"

他要求孩子们要自力更生、艰苦奋斗。朱德

一直强调，"生活上你们要自力更生，不要依靠我，也不要靠我去当官，一定要靠自己的才能和实干为国家作出贡献"。"要接班，不要接官，接班就是接为人民服务的思想和本领。"儿子朱琦曾在战斗中负伤，转业时朱德叮嘱他："转业到哪里，安排什么工作，要完全听从组织分配；无论做什么，都是革命的需要，都要干好，务求上进。"朱琦后来分配到石家庄铁路局机务段，从当练习生干起，再当司炉，而后才当上司机。女儿朱敏一直从事着普通的教师工作。朱德要求她搬到学校住，不要老回家，要好好工作，和群众"打成一片"。

朱德要求孩子们守规矩、讲纪律。他在家中既不讲党内和工作上的事情，也从不夸耀自己的过去。孙子们回忆说，"他老人家的保密观念极强，有些密级很高的事情他连与他一起战斗一生的奶奶都不讲。很多事情我们也是从解密的资料中了解到的"。朱德更要求孩子们弄清公私之分。他常说："我是无产阶级的一员。我的东西都是公家的，我死后一律上缴，只有我读过的马列和毛主席著作，你们可以拿去学习。""我只有两万元存款，我死后把它交给组织，做我的党费。"

勤俭持家

勤俭持家，是朱家的美德。朱德年幼时，家境十分艰难。但"由于母亲的聪明能干，也勉强过得下去"。这种"聪明能干",就是精打细算、勤俭节约。1944年,朱德在回忆母亲时还深情地说道,"母亲那种勤劳俭朴的习惯,母亲那种宽厚仁慈的态度,至今还在我心中留有深刻的印象",是母亲"教给我生产的知识和革命的意志""教给我与困难作斗争的经验"。受此影响,朱德始终保持艰苦朴素的作风。无论战争年代还是和平时期,他都是普通一兵,是忠厚随和的伙夫头,是朴素浑如田舍翁的老农民;他都依然克勤克俭,保持着劳动人民的本色。

同样,朱德也把这一良好的作风传承了下来。他一直要求孩子们艰苦朴素、勤俭节约。他严格控制家庭日常开销,每月的伙食费、水电费、书报费、衣物费、杂支等项目非常细致清楚，孩子们就连添置必要的衣服和用具都要征得朱德的同意，并一一记账。朱德还要亲自检查这些开支。在他的要求下，孩子们的生活也极其简朴。衣服总是大孩子穿了后再留给小的穿，破了缝缝补补继续穿。而每当孩子们回到家中，朱德都要他们接替服务人员的工作，还经常带孩子们到地里劳动，学习刨地、下种、施肥和管理。他说："你们是劳动人民的子弟，不热爱劳动，不艰苦奋斗，怎么能够为人民服务呢？"1963年12月26日，朱德还给儿子儿媳题词："勤俭建国，勤俭持家，勤俭办一切事业。"

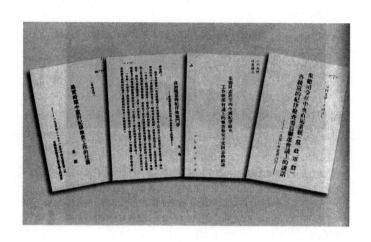

★ 中国共产党自成立之日起，一直高度重视党内监督和纪律检查工作。1949 年 11 月 9 日，中共中央作出《关于成立中央及各级党的纪律检查委员会的决定》，成立由朱德等 11 人组成的中共中央纪律检查委员会，用铁的纪律正风肃纪，保证全党的统一与集中。图为朱德主持中央纪律检查委员会工作期间的部分重要报告

好好学习

学习，是影响朱德一辈子的事情。为"培养出一个读书人来'支撑门户'"，朱家节衣缩食送朱德走上了学习的道路，从而改变了他的命运。学习，也是朱德一辈子最为关注的事情。他常用"革命到老，学习到老，改造到老"鞭策自己，并且强调"不学习就会落后，就不能跟社会一道前进"。

他循循善诱地教育子女努力学习。新中国成立前后，女儿朱敏还在苏联学习，每次回国朱德总要问她是不是学习了毛主席著作。由于朱敏从

★ 1928 年 4 月，朱德、陈毅率领南昌起义保留下来的部队和
湘南起义农军转移到井冈山，与毛泽东领导的部队会师，中
国革命从此开始了新纪元。图为"中国革命的摇篮"井冈山

中新图片 / 刘占昆

小生活在国外，中文水平较差，朱德就戴上老花镜，让朱敏坐在他身边，教她一字一句地读。他一边读，一边讲解，每讲完一段就问她懂了没有。如发现她哪些地方还未理解，就一遍又一遍地讲解，直到她真正弄懂为止。朱敏结婚时，朱德送给她和爱人的第一件礼物就是刚刚出版的《毛泽东选集》。

朱德亲自教导孩子掌握学习的方法。当孙辈逐渐长大时，朱德开始教他们读毛泽东的书。他不但给孩子们划出学习的篇目，提出思考的问题，而且还指导孩子们写读书笔记。有时，他还检查孩子们写的笔记，哪个孩子没有写，他就严肃地批评说："不写，一是怕写不好，丢面子；

二是怕艰苦，贪玩。"

朱德还组织家庭集体学习，将每次的家庭聚会变成了学习日。朱德对孩子们说："你们平时都有革命工作，凑到一起很不容易，要利用这个机会交流学习。"只要他在家，都是他亲自主持学习，从不间断。他还经常让孙辈围坐在他面前，让他们轮流领读毛泽东著作，并让孩子们讲书里的意思，谈自己的体会。

（左智勇）

邓小平同志的家风

★ ★ ★

中国古代就有修身齐家方能治国平天下的至理。在家庭生活中，邓小平是一个好儿子、好丈夫、好父亲、好爷爷，努力树立和营造良好的家风。

尊老爱幼，相亲相爱

邓小平晚年生活在一个四世同堂、儿孙绕膝、其乐融融的大家庭中。

在这个大家庭里，年龄最长的是邓小平的继母夏伯根。夏伯根仅比邓小平大五岁，是重庆一个贫苦船工的女儿。1950年，重庆刚解放，邓小平就把夏伯根和自己的两个妹妹从老家广安接到重庆，1952年又一同到了北京，此后一直生活在一起，相互照顾。夏伯根在家中操持家务，孩子们有什么事情都愿意同她交流。夏伯根与卓琳的婆媳关系也非常融洽。夏伯根每年腌制的四川泡菜和豆腐乳等，

是邓家餐桌上的必备品。在江西劳动期间，夏伯根
和他们相依为命，一起度过了那段艰苦的岁月。全
家人对夏伯根都很尊重，邓小平夫妇也随儿女和孙
辈们一道称她为"老祖"。邓小平去世后，家人继
续悉心地照顾夏伯根，老人去世时享年101岁。

　　邓小平还有一个小舅舅叫淡以兴，一直在广
安老家务农，解放后邓小平虽然没有答应接他出
来的要求，但很关心他的生活，每月都要从工资
中拿一部分寄给他，直到他终老。

　　在记述邓小平访问美国的纪录片《旋风九
日》中，有一幕他在美国肯尼迪中心观看表演后
上台亲吻不同肤色儿童的动人场面，解说词说：
"无论走到哪里，他从不掩饰对孩子的喜爱。"

是的，邓小平爱孩子，在国内视察和出国访问是这样，在家中也是这样。邓小平和卓琳的五个子女，除了战争年代被寄养在老百姓家中和解放后住校学习外，都是随父母生活长大。此外，还经常有亲属和战友的孩子住在家中。从在江西劳动时起，邓小平家中陆续有了四个孙辈，像接力一样，每个孩子出生不久就被送到邓小平夫妇身边，由他们亲自"照料"。家属和工作人员曾回忆说，无论在什么情况下，压力多大、工作多忙，只要一看到孩子，老人脸上就露出笑容，总是那样慈祥。在《邓小平》画册中有一幅他与孙子孙女坐在家门口台阶上的合影，每个人都是那样地自在开心，邓小平俨然是孩子们中的一员。

★ 广东省深圳市莲花山公园邓小平铜像

中新图片 / 王东元

夫妻恩爱，相濡以沫

　　邓小平一生深情地爱着自己的祖国和人民，也深情地爱着自己的家庭和妻子。1939年8月，卓琳与邓小平举行婚礼后即随丈夫奔赴太行前线。从相识到相爱，从相行到相知，国家和民族的命运、恩爱的家庭把他们紧紧连在一起。"2009年感动中国十大人物"组委会授予卓琳的颁奖词这样说："彩云之南的才女，黄土高原上的琼英。携小平手五十八载，硝烟里转战南北，风雨中起落同随。对她爱的人不离不弃，让爱情变成了信念。她的爱向一个民族的崛起，注入了女性的坚定、温暖与搀扶。"

在邓小平家中，卓琳可谓是一位典型的贤内助。在战争年代和解放初期，卓琳做过政治工作和教育工作。邓小平到北京后，她专心做机要秘书工作，不图名、不为利，尽职尽责。在近60年的共同生活中，他们始终相互尊重，相互理解，相互体贴照顾，同甘苦共患难。邓小平也很体贴妻子，在江西的时候，卓琳身体不好，血压高，有时候上楼梯感到头晕，就对邓小平说："老兄，扶我一把吧，我上不动了。"邓小平就伸手扶着她慢慢上楼梯。有一次，邓小平在工厂劳动时因低血糖晕倒了，这可把卓琳急坏了，赶紧找工人师傅借来白糖冲水给邓小平喝下才缓过来。夫妻俩就这样相依为命，相濡以沫，携手度过了人生的低谷。邓小平成为党的第二代中央领导集体的核心以后，在领导改革开放、开创有中国特色的社会主义的过程中，卓琳站在他的背后，默默地营造着和谐温馨的家庭生活。卓琳和儿孙们有一个共同心愿，就是精心照顾邓小平，实现他"到回归的香港土地上走一走、看一看"的愿望。虽然邓小平没有等到香港回归的那一天，但卓琳代表他见证了庄严的历史一刻。

衣着简单，生活俭朴

在四川广安邓小平故居陈列馆中，陈列着

邓小平生前穿过的部分衣物，中山装、军便服、白衬衫、圆口布鞋、视察南方时穿的布夹克等，还有用了几十年的手表、皮带。睹物思人，这些衣物是那样的眼熟，又是那样的简朴。他经常穿的那条的确良面料的军裤，上面烟头烧的小洞依稀可见。邓小平在衣着上非常整洁，但也非常简单朴素。很多衣服领子、袖口都补过。据身边工作人员回忆，一次在杭州视察，服务员在洗衣服的时候还问："这是你的衣服还是首长的衣服？"当得知是邓小平的衣服，服务员看了好一会儿后说："我要不是亲眼看到，绝不会相信！"

邓小平生活一向俭朴，在饮食上从来都是有什么吃什么，从不挑食，从不吃滋补品。川菜是他一生的爱好，但也仅限于宫保鸡丁、麻婆豆腐之类。邓小平吃饭简单，多数时间是看着孩子们吃。20世纪60年代初，工作人员担心邓小平和大家一起吃营养不够，提出让他单独吃，他不肯。有时工作人员给邓小平单独炒一个菜，邓小平都分给孩子们，自己一口也不吃。改革开放后，生活好了起来，邓小平家伙食也改善了，一般情况下都是"四菜一汤"，但晚上总有一个固定的大烩菜，就是把中午所有剩的菜都烩在一起。

生活俭朴的邓小平一生没有什么积蓄。晚年他和卓琳先后两次以"老共产党员"的名义向"希望工程"捐款。他的著作《邓小平文选》等出版后，也从来没有领取过稿费。当邓小平得知

《邓小平文选》有一笔稿费还存放在出版社后，他郑重其事地把家人都召集在一起开会。他说，虽然钱不多，但是我得捐出去。咱们来研究研究，这点钱能干什么，捐到什么地方去。最后邓小平把钱捐给了科技和教育事业。

不为做官，只为做事

1977年7月，在决定恢复邓小平领导职务的党的十届三中全会上，邓小平表示："出来工作，可以有两种态度，一个是做官，一个是做点工作。我想，谁叫你当共产党人呢，既然当了，就不能够做官，不能够有私心杂念，不能够有别的

93

★ 党的十一届三中全会以后，以邓小平同志为主要代表的中国共产党人作出把党和国家工作中心转移到经济建设上来、实行改革开放的历史性决策，推进了中华民族从站起来到富起来的伟大飞跃。图为江西省南昌市新建区拖拉机修配厂的南昌小平小道陈列馆

中新图片／刘占昆

选择。"邓小平这段感人肺腑之言，是他真情的表白，也是在家中对家人的要求。

邓小平既是一位伟人，也是一位凡人。最难能可贵的是他有一颗平常心。他始终把自己作为人民的儿子。在晚年，他希望自己能像普通人一样到处走一走，看一看，也希望能有更多的时间在家享受爷孙同饮的天伦之乐。他喜欢孩子，但不惯纵孩子，希望他们能够学到做事的本领。1992年2月18日，邓小平来到位于上海南京路上的上海第一百货商店文具柜台，借钱买了四包铅笔和四块橡皮，想要送给孙子们。他对孩子们说："铅笔是让你们好好学习的，橡皮是让你们明白，错了就要改。"他还对孙辈们说："你们要学点本事为国家作贡献。大本事没有，小本事、中本事总要靠自己去锻炼。"

轻松自然，和谐温馨

邓小平一生喜欢大海，喜欢大自然。他喜欢在大海中游泳，说那里游泳自由度大，有股气势。他曾和周恩来有过约定，死后要把骨灰撒入大海。邓小平对生死向来达观，曾经对家人说："我哪天去，哪天走，不关紧要。自然规律违背不得，你们要想透这个问题。"邓小平病重期间，家人致信中央，再次转达他本人捐献角膜、解剖遗体和骨灰撒入大海的遗愿，并最终实现了他的遗愿。

1997年元旦，中央电视台播放大型电视文献片《邓小平》。病榻上的邓小平看到了电视里一幕幕熟悉的画面，当工作人员告诉他这是反映他的电视片时，老人脸上露出了羞涩的表情。他是一个谦逊的人，从不在家中谈论自己的贡献和地位；他是一个随和的人，从不在家中为一些琐事生气发火；他是一个平易近人的人，不喜欢搞特殊。他出外考察，要求尽量不要扰民，不封路、不封山、不闭园，见到群众有时还会主动攀谈。在家中，他也是普通一员，而不是严肃的家长。家人和工作人员都不会因为他言语不多而感到不敢接近，小孙子还敢在他不备的时候挠他脚心。在家中，他关心每一个人，包括工作人员。据邓小平身边几位护士回忆，她们从护校毕业后来到这里，一天天成长，谈恋爱、结婚、生孩子，邓小平夫妇把她们当自己家里人，生了孩子要送衣服，还都要抱到老人家身边看看。在这样一个大家庭里，大家都感到很开心，很幸福。

（卫　炜）

同　志　的　家　风

★ ★ ★

领导干部的家风不是个人小事，直接影响到党风和社会风气的好坏，关系党的形象。陈云融洽和谐、严守规矩、勤俭节约、酷爱学习的严正家风堪称楷模，值得我们所有党员领导干部学习。

融洽和谐的家风

陈云的家庭融洽和谐，他很喜欢那种换尿片子、晾衣服的家庭气氛。和于若木刚结婚时，他就说："我是个老实人，做事情从来老老实实。你也是个老实人。老实人跟老实人在一起，能够合得来。"于若木写给在英国的大哥的信中说，她对自己的婚姻非常满意，陈云是一个正直的人，非常和蔼善良，从来不发脾气。

陈云对于若木的确很关心。"文化大革命"中，于若木因看不惯江青的所作所为，用真名真姓贴了两张揭发批判江青的大字报，被打成现行

★　新中国成立初期时的陈云旧居

反革命，要开除党籍，隔离审查。陈云不避风险，亲自给毛泽东写信说情，最后总算保住了于若木的党籍。

1973年春节，陈云让子女想办法把他们的妈妈接回家过春节，并亲自向有关领导提出这一要求。陈云临终前嘱咐子女们要做的事，就是照顾好他们的母亲于若木。

陈云去世后，于若木深情地撰文说，"在我和陈云同志一起生活的50多年中，陈云同志总是循循善诱，不断提高我的思想和觉悟水平，逐渐弥补我们之间因年龄、职务、生活经历的不同而造成的差距……我欣赏他的智慧和工作的果断，更敬重他那像水晶一般透明的党性和人格。

在这样的基础上，我们的家庭生活自然是融洽和谐的"。

陈云对子女既严格要求，也特别慈爱，经常和他们说说笑话，关心一些生活上的琐事。他从不束缚每个子女的个性发展，也不刻意让他们按照什么标准去生活，而是给他们创造一个宽松的成长环境，教导他们做一个正派的人、心态平和的普通人。

陈云把身边工作人员当成家里人，在年轻人眼中，生活中的陈云是一位慈祥、随和的老爷爷。他和新来的人见面时第一句话常是："欢迎你加入到我们的大家庭里。"然后多半是讲"要多学习，特别要学好哲学，不仅对工作和生活有益，而且可以终身受用"一类的话。他和年轻人在一起非常融洽，给他们开玩笑，和他们一起讲故事、猜谜语、逗着玩。

这种和谐的家风更多的源于他热心助人的美德。新中国成立初期，陈云用工资接济了许多人，有商务印书馆的老朋友、老同事，有青浦乡下的姑姑、舅母，还有远亲旧邻。因为接济了很多人，他们家的生活拮据了，孩子上不起学费较贵的小学，只能上附近的普通学校。

在病情恶化、生命垂危的最后日子里，陈云仍惦念着一位家庭困难的警卫员，他告诉于若木要解决好。陈云逝世后，于若木从陈云的稿费中拿出2万元慰问了这位警卫员的妻子。

严守规矩的家风

陈云束身自重，对自己要求很严，从不把手中的权力用在为自己或家人谋好处上。他常说，权力是人民给的，必须要用于人民，要为人民谋福利。在家里，哪些事能讲，哪些事不能讲，分得一清二楚。

20世纪60年代初，国家经济困难，在市场上销售一些高级点心、高级糖果和其他高价商品来回笼货币。有一年夏天，于若木买了一床称心的高价毛巾被，非常高兴。可是，第二天，报纸就登出消息说我国经济已恢复到一定水平，可以

★ 陈云在延安中国人民抗日军事政治大学的讲稿题目手稿

取消高价商品了，从即日起所有高价商品都降为平价。为此，于若木有点抱怨陈云："怎么不提前说一声。"陈云严肃地答道："我是主管经济的，这是国家的经济机密，我怎么可以在自己家里随便讲？我要带头遵守党的纪律。"

陈云对家人要求严格。上海刚解放时，他给家乡一位老战友的孩子回信，就要求他们安分守己，"千万不可以革命功臣的子弟自居，切不要在家乡人面前有什么架子或者有越轨违法行为"。

陈云的次女陈伟华被分配到北京郊区怀柔县辛营公社当乡村小学教师。一次，女儿因想家没向学校请假就冒雨回来。陈云严厉地批评了她，让她立即回去，并教育她要安心在农村教书育人。

他常告诫家人和身边工作人员："无论你到哪里工作，都要记住一条，就是公家的钱一分都不能动。国家今天不查，明天不查，早晚都要查的。记住这一条，你就不会犯错误。"

不搞特殊化，以普通的劳动者标准严格要求自己，是陈云家风的一大特色。

陈云给家人订下"三不准"：不准搭乘他的车、不准接触他看的文件、子女不准随便进出他的办公室。他特别交代，孩子上下学不许搞接送，不许搞特殊化，要让他们从小就像一般人家的子女一样学习和生活。这种严格要求自己的家教深入每个家庭成员的心中，连陈云的小孙子也常说："我家里有规定，不能用公车，不能坐爷爷的车。"

陈云在公园里散步时，最喜欢人家不知道
他是谁，在群众中轻松自如地走来走去，看看群
众安居乐业的样子。有一年，他在杭州书场听评
弹，和群众一块往书场里拥，一个老太太还把他
的鞋都给踩掉了。

在这种家风熏陶下，他的外孙女上小学时
周围同学都不知道她的家庭情况。1984年6月，
《中国少年报》刊登了陈云和外孙女在一起练毛
笔字的照片，这才引起学校师生的注意。班主任
老师很感慨地对陈云的外孙女说："从你身上我
看到了朴实，看到了老一辈无产阶级革命家的好
传统。"

陈云常以这样的家教告诫自己的子女："做

人要正直、正派，无论到哪里，都要遵守当地的规矩和纪律；答应别人的事，一定要说到做到，如果情况有变化，要如实告诉人家。这些事看起来很细小，却要这样做。你们若是在外面表现不好，那就是我的问题了。"

勤俭节约的家风

陈云的饮食非常简单，每餐都是粗茶淡饭。陈云的要求是：只要够吃就行，不能浪费。每次吃完饭，碗内不留一粒米，盘底的剩汤也要喝掉。他说："鱼翅海参是山珍海味，太贵了，吃不起呀！以前是地主吃的。"

20世纪90年代的某年除夕夜，上海市委一位负责同志给陈云拜年。陈云正在吃饭，桌上放着两盘菜（一盘豆腐、一盘炒荷兰豆），吃得津津有味。见此情景，这位地方负责同志不禁感慨："这就是我们国家领导人的年夜饭啊！"

陈云生活很简朴，不追求个人享受。他的生活用品非常简单，盥洗室水池是漏斗式的，下面放个桶，洗头时低着头，用一大瓷缸水从上面浇下去，就算喷头了。他用的铅笔短得实在握不住了才换掉，便条纸都是用台历的背面，听评弹的录音机修了又修，穿的衣服补了又补，一件毛裤足足穿了34年，一把刮胡刀整整用了60年。他经常提醒家人要节约每一度电每一滴水。他喝水时能喝多少倒多少，从不随意把水倒掉。他因眼疾需用消毒棉球擦眼泪，他要求把用过的棉球保存起来，消毒以后改作他用。

陈云简朴的生活作风源于他崇高的精神境界。他常说："一件商品到了消费者的手里时，看似很容易。可谁想过，它经过了多少道工序？它用了多少资源和能源？它又让劳动者付出了多少心血？如果我们大家都能处处节约一点，这也是支援了国家建设……浪费和贪污一样都是犯罪。"

他还常对家人说："以前人们好讲我国是一个'地大物博'的国家，其实我们的'地'并不大，'物'也不博，只是我国的人口比别的国家多就是了。我国的资源就这么多，大家都要节省一点用，我们都要当'孝子'。我们这些现代人要'孝顺'我们的儿子、孙子——子子孙孙的后代，我们不能吃光、用光，让子孙们'逃亡'。"

酷爱学习的家风

酷爱学习的家风在陈云和于若木结婚时就已定下基调。他们的定情之物，就是于若木在给陈云做看护工作时常在窑洞门口读的列宁的《帝国主义论》一书，他俩在这本见证了他们爱情的书上各自签上自己的名字，把它珍藏起来。

陈云很重视子女的学习问题。他是孩子们

最好的老师，孩子们从他那里学到了正确的思想方法。

"文化大革命"中，他被下放到江西。在两年多的时间里除了定期参加工厂劳动外，主要是读书。他的几个孩子都去看过他，陈云跟孩子们谈得最多的是读书，让他们读马列著作、毛泽东著作，还教他们学习方法。有一次，陈云带着小女儿学《毛泽东选集》，一边读，一边讲。讲着讲着就从沙发上站起来，扭起秧歌。他说："你看扭秧歌是往前走两步，往后退一步，学习的过程也要进进退退，退退进进，只有这样，才能把学习搞扎实，如果进得太快，就不能真正地学懂。"

★ 陈云在江西期间工作过的车间厂房

陈云组织家庭学习小组，就是希望形成一种学习风气，希望他们能够培养出自学的能力，有正确的思维方法，能够发现问题，解决问题，提高工作能力。他传授的学习方法之一就是要多听反面意见。他说，毛主席在延安时，提出问题以后经常听取反面意见，听不到很着急，有时自己批驳自己。陈云说，只有经常用反对意见来批驳，才能锤炼出有真知灼见的眼光。

　　他很关心身边工作人员的学习，尤其是学习哲学，常以出题考试、答对有奖、允许查书请教的方式来督促他们学习。陈云常说，学好哲学对工作、生活都是很有用的。看问题要一分为二，辩证地看，好的方面坏的方面都要考虑进去，这

样才会少犯错误。工作人员很尊重陈云提出的意

见，他们组织起来，制订学习计划，交流学习心

得，营造了一种积极健康的工作、生活氛围。

（蒋永清）